SABER HACER contigo

CUADERNO
segundo trimestre

W0464617

1 PRIMARIA Lengua Castellana

El cuaderno **Lengua Castellana** para 1.er curso de Primaria es una obra colectiva concebida, diseñada y creada en el Departamento de Ediciones Educativas de Santillana Educación, S. L., dirigido por **Teresa Grence Ruiz**.

En su elaboración y edición ha participado el siguiente equipo:

Paloma Espejo Roig
Sagrario Luna Rodríguez
Luis Navarro Torre
Carmen Ríos Collantes de Terán
Paula Rojo Cabrera

ILUSTRACIÓN
Javier Hernández Herranz

DIRECCIÓN DEL PROYECTO
Leonor Romo Fernández

DIRECCIÓN Y COORDINACIÓN EDITORIAL DE PRIMARIA
Maite López-Sáez Rodríguez-Piñero

Índice

Unidad 5

Unidad 6

Unidad 7

Unidad 8

FICHA 1

pri pre pro pra pru

1 Escribe cada palabra en su lugar.

princesa | profesor | pregunta | premio

2 Completa con las palabras anteriores y copia.

El  de la  .

La  del  .

pla plo plu ple pli

1 Escribe cada palabra en su lugar.

playa | cantimplora | pulpo | planeta

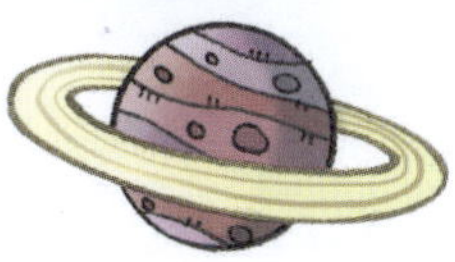

2 Completa y copia.

planta | plumero | pulgones

Mi  tiene  .

Los quito con un  .

bre bri bra bro bru

1 Completa con bra, bre, bri, bro. Después, copia.

fá ... ca | lie ... | ce ... | ... cha

2 Rodea y copia las palabras con br.

A Bernabé le gustan las bromas. Hoy se vistió de brujo, con un sombrero de pico y un abrigo con bordados brillantes.

ble bli bla blo blu

1 Escribe donde corresponda.

Bea parte la tabla.

Blasa dobla la blusa.

Blanca enchufa el cable.

2 Observa, completa y copia.

blanco

blando

El coche es

El colchón es

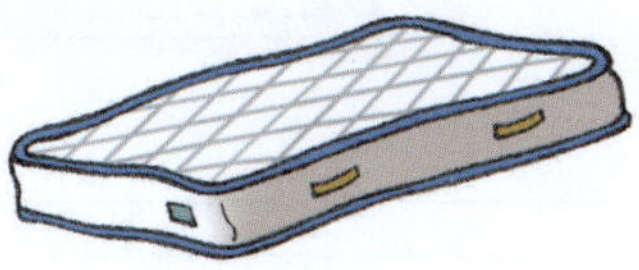

1 Completa con bar o bra. Después, copia.

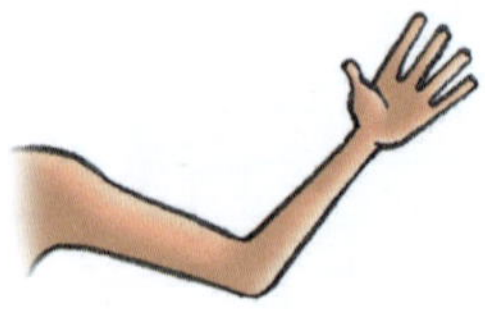

co | co | zo | ba

2 Rodea. Después, escribe cada palabra en su lugar.

pla plano municipal espalda

pal plaza palco sopla plato

pla ▶

pal ▶

3 Tacha la sílaba BLA y escribe el mensaje oculto.

BLA	OS	BLA	BLA	VAL	BLA
DO	BLA	SE	A	BLA	SO
MA	BLA	AL	BLA	BAL	CÓN.

1. Repasa y copia. Después, lee en voz alta las palabras.

radio

carro

loro

circo

2. Rodea las palabras con r o rr. Después, escribe en su lugar.

María y Sara corren junto al río.
Después juegan en el agua y se ríen
mucho. ¡Lo pasan de maravilla!

La r suena suave

La r suena fuerte

3. Copia las dos palabras que contienen los dos sonidos de la r.

carrera zurrón cuerda

[illegible]

FICHA 7

1 Observa, une y completa.

La tele	están	contenta.
Las niñas	está	encendida.
Laura		listas.

La tele .

2 ¿Cómo están? Observa, elige y completa.

felices   cansado

El gigante está

Completar una ficha personal

1 Completa esta ficha con tus datos personales.

DATOS DEL ALUMNO

Nombre:

Fecha de nacimiento:

Nombre del padre:

Nombre de la madre:

Dirección:

Localidad:

Colegio:

Curso: Clase:

Una plaga de roedores

Hace mucho tiempo, en un pueblo, hubo una terrible plaga de roedores. Las casas, las calles, las plazas... ¡Todo estaba lleno de estos molestos animalitos!

Para solucionar el problema, un viejo sabio ordenó a sus vecinos colocar sobre el río unas tablas que sirvieran de puente.

Hecho esto, el anciano pronunció unas palabras mágicas e, inmediatamente, los roedores salieron de la ciudad por el puente recién fabricado.

Cuando pasaron todos, los vecinos retiraron las tablas y... ¡así se libraron de los roedores!

1. ¿De qué era la plaga? Rodea.

2. ¿Quién ideó el plan para echar a los roedores?

Una animada fiesta

La princesa va a una fiesta
al palacio de las hadas
y en su pelo resplandece
una corona de plata.
Lleva zapatos brillantes,
vestido de blanca seda
y una sonrisa radiante
como un sol de primavera.
Blanca está muy animada,
¡sale a bailar la primera!,
y el amable rey Cipriano
acompaña a la princesa.

1 ¿Cómo se llaman? Completa.

La princesa se llama

El rey

2 ¿Quién salió a bailar primero? Marca.

cre cri cro cra cru

1 Observa y escribe.

cromo cartulina

plato cristal

cruasán crema

Es un cromo de

Es un

2 Rodea y copia las palabras con cr.

El gallo tiene una cresta.
La yegua, una crin hermosa.
Y la cerdita Carmela,
dos crías de pelo rosa.

cla cli cle clo clu

1. Rodea y copia las palabras con cl.

ciclón colmena clima caracol
teclado alcalde calma colchón

cl ▶

2. Elige, completa y copia.

clarinete

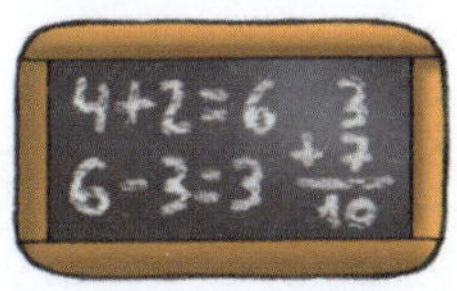

cálculo

Es la clase de

3. Busca tres palabras con cl y escríbelas.

L	C	L	A	V	E	L	T	P
B	E	T	E	C	L	A	I	N
P	C	A	L	D	O	A	G	I
I	C	H	I	C	L	E	J	O

gre gri gra gro gru

1 Completa con gri, gra, gru. Después, copia.

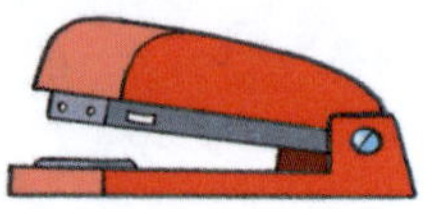

padora

fo

ta

2 Completa con las palabras anteriores y copia.

Gracián mira la

Sagri usa la

Grego repara el

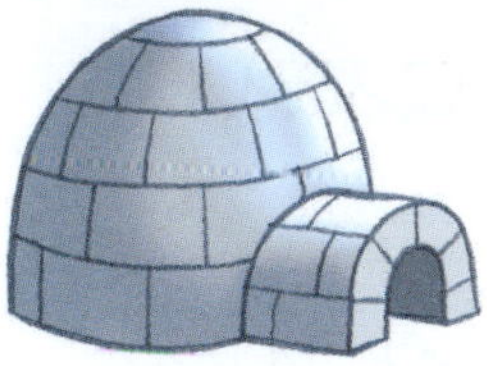

glu gli gle glo gla

1 Escribe cada palabra en su lugar.

regla inglés gladiador

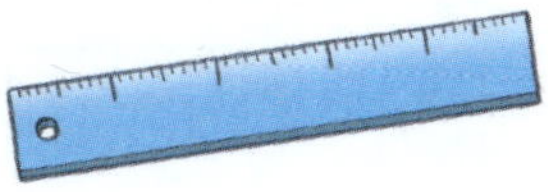

2 Observa, completa y copia.

Leo corta los

Gladis viaja en

Olga vive en la

FICHA 5

1 Rodea. Después, escribe cada palabra en su lugar.

gra	regar	grave	garganta
gar	suegra	lugar	granjero

gra ▶

gar ▶

2 Elige, completa y copia.

cruce   curva   cruz

Una ______ peligrosa.

Una ______ de coral.

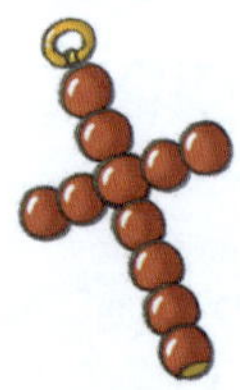

Un ______ de caminos.

1 Completa con ca, que, qui, co, cu.

Enri____ va a una ____rrera de ____ches. ____ando llega al cir____ito, sa____ un bo____dillo de ____so, una bebida de ____la y un pa____te de ____ramelos. ¡Empieza la competición! ¿____én ganará la ____pa?

2 Escribe sus nombres.

1 Divide las palabras en sílabas y cuéntalas.

burbuja ▶ | bur | | | Tiene ☐ sílabas.

papel ▶ | | | Tiene ☐ sílabas.

alameda ▶ | | | | | Tiene ☐ sílabas.

2 Ordena las sílabas para formar palabras.

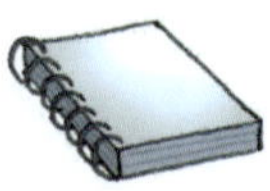
ta · bre · li

bri · ti · ca · llo

3 Resuelve los crucigramas.

A

HA

Escribir una nota

1 Lee y contesta.

Gabriel, no te olvides de meter el bocadillo en la mochila.
Un beso.

Mamá

- ¿A quién va dirigida la nota?
- ¿Quién la ha escrito?
- ¿Para qué la ha escrito?

2 Inventa y escribe una nota.

Canción del burro enfermo

A mi burro, a mi burro
le duele la cabeza
y el médico le ha puesto
una gorrita negra.

A mi burro, a mi burro
le duele la garganta
y el médico le ha puesto
una corbata blanca.

A mi burro, a mi burro
le duele el corazón
y el médico le ha dado
jarabe de limón.

1 ¿Qué remedio utiliza el médico en cada caso? Une.

Para el dolor de cabeza

Para el dolor de garganta

Para el dolor de corazón

El mercader y los monos

Un mercader de sombreros dormía bajo un cocotero. Al despertarse, descubrió que su cargamento había desaparecido.

De pronto oyó unos gritos y vio un grupo de monos columpiándose en las palmeras. ¡Cada mono llevaba puesto un sombrero!

El mercader se enfureció y, con rabia, tiró su gorro al suelo. Los monos, divertidos, lo imitaron, y así el hombre recuperó su mercancía.

1 ¿Qué vendía el mercader? Escribe.

Vendía

2 ¿Por qué tiró el mercader su gorro? Marca.

☐ Porque estaba muy enfadado.

FICHA 1

fre fri fro fru fra

1 ¿Qué hay en la mesa? Observa, elige y escribe.

bebidas frías

fruta fresca

patatas fritas

frutos secos

Hay

2 Escribe donde corresponda.

Luis abre el frigorífico.

Fran exprime la fregona.

fla flu fli fle flo

1 Rodea y copia las palabras con fl.

Flora se viste de flamenca.
Lleva una falda de flores
y un mantón con flecos.
En la feria baila al son
del flautín. ¡Ole y ole!

2 Elige y completa.

moflete flequillo

Flavio tiene un lunar en el

tri tra tro tre tru

1 Copia y une.

El maestro de tercero.

El trapecista del circo.

El guardia de tráfico.

2 ¿Cómo se leen estos números? Escribe.

4 ▶

13 ▶

3 ¿Cuántas trencas hay? Cuenta y escribe.

Hay

dro dru dri dre dra

1 Escribe cada palabra en su lugar.

cocodrilo
dromedario

2 Lee, completa y copia.

Pedro juega al ajedrez
con Sandra, su madrina.
Andrés juega a las damas
con su prima Adriana.

 es madrina de  .

 es prima de  .

FICHA 5

1 Rodea. Después, escribe en su lugar.

 **dro** almendro dormir ladrón

 **dor** cedro tenedor adorno

dro ▶

dor ▶

2 Observa, une y escribe.

Un traje	de terciopelo.
Una falda	de cuadros.
Un edredón	de camuflaje.

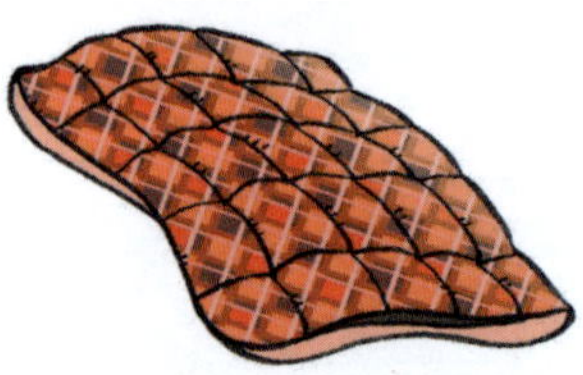

1. Lee en voz alta y copia las palabras en las que suena la u.

guía	higuera	piragüista	vergüenza
agüita	aguijón	guepardo	paragüero

2. Completa con gue, gui, güe, güi. Después, copia.

ci ___ ña

jil ___ ro

á ___ la

pin ___ no

3. Elige dos palabras de la actividad anterior y escribe una oración con cada una.

1 Cuenta las palabras de cada oración y escribe.

Hay grillos en el jardín. ▶ Tiene ☐ palabras.

Ese hombre es equilibrista. ▶ Tiene ☐ palabras.

2 Separa las palabras y escribe oraciones.

El|canguroсalta.

Anacogeunamanzana.

3 Ordena las palabras y escribe una oración.

Mi (1) | Sevilla. ☐ | tío ☐ | está ☐ | en ☐

Aprender e inventar un trabalenguas

1 Lee y aprende.

El pueblo está entablillado.
¿Quién lo desentablillará?
El desentablillador
que lo desentablille
buen desentablillador será.

2 Inventa y escribe tu propio trabalenguas con estas palabras.

cabra

encabritada

desencabritará

El Monte Feliz

Esta es la historia de un monte quemado, donde no había ni plantas ni animales.

Un día pasaron por allí unos conejos.

-Este es el Monte Quemado -señaló uno de ellos-. ¿A que es muy feo?

-No podemos dejarlo así -dijo un conejito muy impresionado.

Entonces, avisaron a otros animales. Entre todos trajeron árboles del bosque y arbustos de la pradera. Cuando lo plantaron todo, el monte se veía precioso. Muchos animales decidieron vivir allí y llamarlo el Monte Feliz.

1 ¿Qué hicieron los conejos para salvar el monte? Marca.

- [ ] Plantaron árboles y arbustos.
- [ ] Organizaron un festival.

2 Escribe los dos nombres que tuvo el monte.

El dragón del parque

En un parque, tres amigos
se sentaron a leer cuentos
en las patas de un dragón
de cartón, hierro y cemento.

El dragón, emocionado,
a los tres niños les dijo:
-¡Ay, ay, qué triste me siento!
¡Yo nunca he tenido amigos!

Desde entonces, cada tarde,
los niños van muy contentos
a jugar con el dragón
y a leerle muchos cuentos.

1 Contesta.

- ¿De qué estaba hecho el dragón?

- ¿Por qué se sentía triste?

1 Escribe cada palabra en su lugar.

cocina zanahorias garbanzos cesta

za, zo, zu

ce, ci

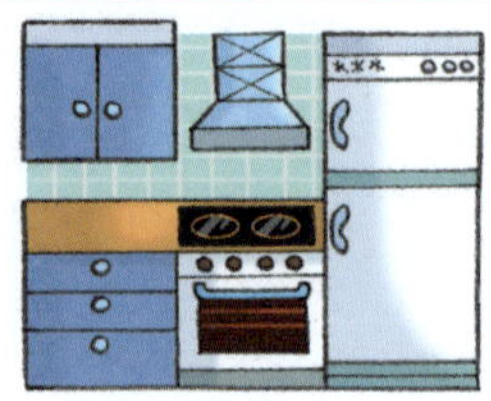

2 Escribe una oración con algunas de las palabras anteriores.

3 Completa con c o z.

cal__etín

an__uelo

ri__os

balan__ín

1 Escribe *el* o *la*.

Nombres masculinos
circo
parque
zoo

Nombres femeninos
caseta
jaula
ratonera

2 Escribe cada nombre en su lugar.

Masculinos

Femeninos

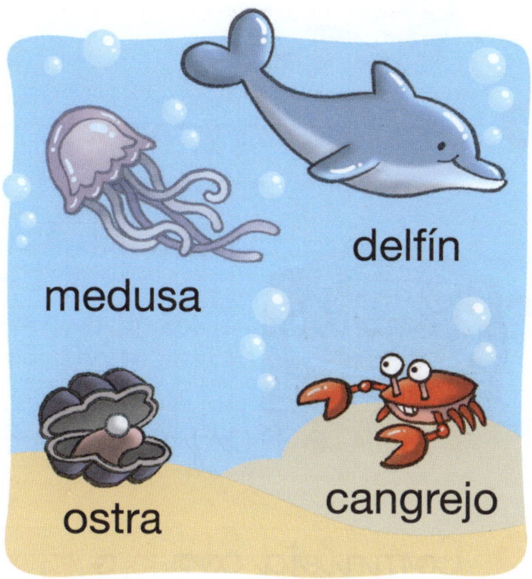

3 Piensa y escribe tres nombres femeninos.

1 Observa, une las oraciones y escribe.

María canta.

Su prima baila.

María canta **y** su prima baila.

Alberto lee.

El bebé se ríe.

y

Frida cose.

Santi plancha.

2 Completa. ¡No olvides separar las palabras por comas!

- ¿Qué hay en tu habitación?

Hay juguetes,

- ¿Qué llevas en tu mochila?

Llevo

Hacer la lista de la compra

1 Lee la receta y subraya los ingredientes.

RECETA DE LA PIZZA MARGARITA

1. Colocar la base en una bandeja de horno.
2. Extender tomate frito sobre la base de la pizza hasta cubrirla completamente.
3. Añadir queso tierno y aceitunas, y espolvorear con queso rallado y orégano.
4. Meter la pizza en el horno a 200 grados durante 12 minutos.

2 Elabora tu lista de la compra con los ingredientes que necesitas para hacer la pizza.

Tardes de cuento

Tarde de lluvia en mi casa.
Sobre la alfombra, los cuentos.
En un lejano país,
caballero era en mis juegos.

Por lanza tenía una caña;
por casco, una cacerola;
por espada, una madera,
y por caballo, una escoba.

El dragón era mi gato;
el castillo, la escalera.
Y la vecina de enfrente,
la más hermosa princesa.

CARLOS REVIEJO

1 Piensa en los objetos que usaba el niño en sus juegos y une.

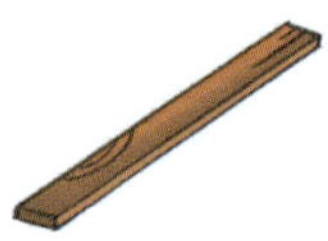

2 ¿Qué personajes eran en la imaginación del niño? Escribe.

El gato era un ____________________

La vecina era una ____________________

La reunión de los ratones

Una noche se reunieron todos los ratones de una granja. Estaban muy preocupados porque el nuevo gato del granjero era un gran cazador. ¡Había que hacer algo!

En medio de la reunión, un joven ratoncillo propuso:

–Podemos colgarle un cascabel en el cuello. Así oiremos todos sus movimientos.

Los ratones aplaudieron. ¡Era una idea genial!

Entonces, un viejo ratón preguntó:

–¿Y quién le va a poner el cascabel al gato?

Ningún ratón se ofreció voluntario. Y todos se retiraron cabizbajos.

1 ¿Para qué se reunieron los ratones? Marca.

- ☐ Para gastarle una broma al gato.
- ☐ Para pensar en cómo defenderse del gato.

2 ¿Resolvieron los ratones su problema con el gato? ¿Por qué?

Dirección de arte: José Crespo González.

Proyecto gráfico: Pep Carrió.

Jefa de proyecto: Rosa Marín González.
Coordinación de ilustración: Carlos Aguilera Sevillano.
Jefe de desarrollo de proyecto: Javier Tejeda de la Calle.
Desarrollo gráfico: Raúl de Andrés González, Jorge Gómez Tovar y Patricia Tejeda Gaspar.

Dirección técnica: Jorge Mira Fernández.

Coordinación técnica: Javier Pulido Martínez.
Confección y montaje: Luis González Prieto y Marisa Valbuena Rodríguez.
Corrección: Nuria del Peso Ruiz y Carolina Galera Fernández.

Avda. de los Artesanos, 6
28760 Tres Cantos, Madrid

PRINTED IN SPAIN

ISBN: 978-84-680-4342-5
CP: 883786
Depósito legal: M-12159-2018